おやつも
ごはんも、
ぜんぶ米粉。

家にある材料で、
失敗なしの
やさしいレシピ

ねぎちゃん

KADOKAWA

はじめに

家族と過ごす誕生日会。
父の日。バレンタインの日。
友人を招いた食事。
学校から帰ってきて食べるおやつ。
思い返すとき浮かんでくる手作りの温かさは、
作ってもらう側だけでなく、
作る側も感じる気がしています。

なぜ手作りをするのでしょう。
手作りのものが食べたくなる理由は？
誰かのためを思って作るやさしい気持ち、
それを受け止めたときのほっと落ち着く感情。
はっきりとはわかりませんが、
そんな答えがあるように、私は思っています。

手作りはいつも完璧であるわけではなく、
手の込んだものを作りたい日もあれば
思い切り手抜きしたい日もあるのがきっと自然。
そんな日々がつながって、
家族みんなの記憶に残っていくのだと思います。

この本では"ちょっと体にやさしいものを手作りしたいな"
"でも、時間や手間をかけられないかも"
そんな場面にぴったりな、米粉を使ったレシピを集めました。
材料はなるべく特別なものを使わず6つまでにおさえ、
ほとんどがワンボウルでできる工程の少ないおやつやパン、ごはん。
小麦粉、お砂糖不使用で栄養もたっぷり。
だから食べたあとは、きっと体がうれしいはず。
簡単で作りやすいすべてのレシピに、米粉のよさがあふれています。

世の中においしいものはたくさんあるけれど、
"思い出いっぱいの手作りの味"に敵うものはないな、と感じます。
この本で、皆さまの大切な思い出に寄り添う
お手伝いができたら幸いです。

ねぎちゃん

目次

page

- 2 　はじめに
- 8 　こんなにたくさん！米粉の魅力
- 12 　そもそも米粉って？
- 14 　作り方は簡単　3STEPで失敗なし！
- 15 　おすすめの道具 ／ 使いたい食材

Part 1
簡単なのにとっておきおやつ

- 18 　デコレーションケーキ
   　　　材料3つ！米粉スポンジ
   　　　砂糖なしジンジャークッキー
   　　　甘酒クリーム＆デコレーション
- 22 　いちごのミルフィーユ
   　　　基本のパイ生地
   　　　甘酒カスタードクリーム
- 24 　三角チョコバナナパイ
   　　　バナナチョコクリーム
- 25 　オープンアップルパイ
- 26 　ティラミス
- 28 　抹茶マフィン ／ ほうじ茶マフィン
- 30 　ココアアーモンドクッキー
- 31 　ココナッツロッシェクッキー
- 32 　甘酒グラノーラ
- 34 　フライパンでチーズ蒸しケーキ
- 36 　バナナパンケーキ
- 38 　しっとりりんごケーキ

Part 2
ノンオイルおやつ

- 42 　クレープロール
- 44 　甘酒バスクチーズケーキ
- 46 　もっちりワッフル
- 48 　甘酒のふんわり蒸しパン
- 50 　ノンオイルきなこクッキー
- 52 　甘酒の腸活アイス
- 54 　豆腐と米粉のはちみつアイス
- 56 　カッサータ
- 58 　はちみつミルクプリン ／ 黒ごまミルクプリン

Part 3
野菜のおやつ

- 62 　じゃがいもドーナツ
- 64 　小松菜バナナ焼きドーナツ ／
   　　　にんじんバナナ焼きドーナツ
- 66 　かぼちゃ団子
   　　　みたらしだれ ／ デーツのあんこ
- 68 　かぼちゃスコーン ／ さつまいもスコーン
- 70 　さつまいもの濃厚贅沢ブラウニークッキー
- 72 　長いもミニアメリカンドッグ

Part 4
クイックパン

76	米粉と豆腐のポンデケージョ
78	フライパンベーグル
	プレーン ／ ごま風味
80	イングリッシュマフィン
82	クイックフォカッチャ
84	カンパーニュ
86	グリッシーニ
88	レンジ蒸しパン
	ココア ／ 甘くない ／ 野菜ジュース
90	フライパンスティックパン
	プレーン ／ ココア味

Part 5
ごはん

94	豆腐のピザ
96	ラザニア
	ほったらかしミートソース ／ 白みそホワイトソース
98	さつまいもニョッキ
100	ブリトー
102	寝かせ不要のうどん
104	フォー
106	水餃子 ／ 焼き餃子
108	野菜たっぷりチヂミ
110	フライパンもんじゃ

● この本の使い方

・米粉は「パン用米粉・ミズホチカラ」を使用しています。米粉の種類によって吸水率が異なるので、レシピ通りに作っても生地の状態が違うことがあります。米粉と水を同量で混ぜたとき、ミズホチカラは吸水率が低くさらさらしているので、吸水率の低い米粉のほうがこの本のレシピに近く仕上がります。もし吸水率が高い米粉を使うなら、水を少しずつ加えながら調整するといいでしょう。生地を作るときはしっとりまとまるぐらいの状態を目安に、水分量を少しずつ増やしてください。

・オーブンは電気オーブンを、電子レンジは600Wを使用しています。温度、焼き時間や加熱時間は機種によって違います。様子を見ながら調整してください。

・Part 1～4のお菓子、パンの保存期間、保存法、解凍法についてはレシピごとに目安を表記しているので、参考にしてください。Part 5の「ごはん」は、作ったらその日のうちに食べるようにしましょう。

Staff
デザイン　千葉佳子（kasi）
スタイリング＆撮影　syukoc.foodphoto 奥村昌弘
編集協力・文　細川潤子
DTP　株式会社フォレスト
校正　株式会社麦秋新社
編集　宮本京佳（KADOKAWA）

サクサク

米粉なら、

もちっ

しっとり

どんな食感もお手のもの！

ふわ

こんなにたくさん！米粉の魅力

　お米を製粉した米粉は、和菓子などで昔から親しまれていた食材です。

　最近では新しい製法の米粉を使ったパンやお菓子などがたくさん出回るようになりました。こうした米粉の食品は健康志向の人たちをはじめ、多くの層から人気を集めています。

　小麦粉に含まれるグルテンは、おいしい反面、人によって体に悪影響を及ぼす恐れもあるといわれています。グルテンフリーとはグルテンを含む食品を食べないようにする食生活のこと。グルテンを含まない米粉を中心にした食事なら、より健康的に過ごすことができます。

　また、米粉のほとんどは国産米なので、食料自給率を高め、国産品を応援できるのがいいところ。さらに外国産の小麦粉のようにポストハーベストなど収穫後に散布される薬剤の心配がない点も安心です。

　味にもなじみがあり、さまざまな調理法で使える米粉の魅力を知って、米粉クッキングに挑戦してみましょう。

1 ヘルシー

いちばんの人気の理由はヘルシーであること。
体にやさしい食材の特質を生かして、この本ではなるべく
油脂や糖分を控えめにしたレシピになっています。

グルテンフリー

小麦粉に含まれるグルテンには、もちもちした食感を作ったり、ふくらませたりする働きがあります。グルテンはおいしさのもとになる大切な成分ですが、アトピー性皮膚炎のアレルギー反応を起こすなど、健康に悪影響を及ぼす恐れもあるといわれています。グルテンを含まない米粉中心の食生活をすることで、ふだん原因不明の体調不良に悩まされている人は、体質改善を期待できるかもしれません。

吸油率が低いから揚げものもヘルシー

米粉は小麦粉に比べて油を吸収しにくい特徴があるので、揚げ衣に使うと、ヘルシーな揚げものになります。サクサク感が持続するのでお弁当にも最適です。

●油の吸収率※
米粉21%　小麦粉38%
（鶏もも肉を揚げたときの衣の油吸収率）

血糖値が上がりにくい

グルテンには血糖値を急上昇させる働きがあります。血糖値が急激に上がると血管に負担がかかったり、脂肪として蓄積されやすくなったりします。小麦粉に比べてGI値（食後血糖値の上昇を示す指標）の低い米粉は、食後の血糖値が急激に上がりにくいのが特徴です。

栄養がある

お米が原料なのでタンパク質、脂質、ミネラルがバランスよく含まれます。また、生命維持に必要なアミノ酸スコアが高い食材です。

●アミノ酸スコア（食べ物に含まれる「タンパク質」の量と「必須アミノ酸」がバランスよく含まれているかを数字で表した指標）※
米65　小麦41
（米は精白米、小麦は中力粉の数値）

※出典：農林水産省「米粉をめぐる状況について」（令和6年3月）

2 扱いがラク

米粉は手軽に使えることが魅力の一つです。
小麦粉より扱いやすいので、忙しいときも大助かり。
お子さんと一緒のクッキングにもおすすめです。

粉をふるわなくてもよい

米粉は粒子が小さいのでダマになりにくく、小麦粉を使ったお菓子作りで必要なプロセス「粉をふるう」という作業が不要です。面倒がなく、そのままボウルに入れて作り始められます。手間も粉ふるいの道具も不要で飛び散る心配もなし。水に溶けやすいので、器具を洗うときもラクです。

ただ混ぜるだけ

小麦粉は水分と混ぜすぎるとグルテンが出て生地がふくらまなくなったりしますが、米粉はグルテンのもとになるタンパク質を含まないので、多少混ぜすぎても粘りが出ることはありません。水に溶けやすく、泡立て器かゴムベラで混ぜるだけ。混ぜる回数や混ぜ方を気にしなくてもいいので簡単です。

生地を休ませなくてもよい

小麦粉で作る場合、グルテンを落ち着かせるために生地を休ませる必要がありますが、グルテンのない米粉はすぐに次の工程に移れます。つまり、時間が短縮でき、初心者でも失敗なく作れる食材なのです。パンもマフィンもスコーンもクッキーも、生地を休ませる必要がありません。

3 おいしい

生地のもっちり感、しっとり感は格別です。
おいしさは味以上に食感が左右するので、
仕上がりに満足できるはずです。

食感いろいろ

米粉を使ったメニューは、いろいろな食感が楽しめます。もっちり、しっとりして食べ応えがあるものが多いですが、そのほかにもスポンジのふわふわ感、クリームのとろーり感、クッキーのサクサク感など。使い方、材料の取り合わせ方などによって食感の変化を楽しめます。

クセがない

味わいにクセがなく、食べやすいことも特徴の一つです。色も真っ白で他の素材と合わせてもじゃまをしません。季節のフルーツや野菜などを組み合わせたり、抹茶やチョコなどの風味を加えても相性はバッチリ。どんな素材とも合わせやすいので、さまざまなお菓子や料理に応用してみましょう。

食べ飽きない

なんといっても日本人が昔から食べ慣れているお米が原料なので、食べ飽きない味です。ケーキ、クッキー、マフィンやパスタ、うどんなど、さまざまなお菓子や料理に活躍します。毎日多様な調理法で、米粉を無理なく取り入れることができて、メニューの幅が広がります。

そもそも米粉って？

米粉はお米を細かく砕いて粉状にしたもので、もともと上新粉（うるち米から作られる）、白玉粉（もち米から作られる）など、おもに和菓子に使われていました。ただ、これらに使う米粉は粒子が粗く、ふくらみにくかったのですが、特殊な製法により、粒子の細かい米粉が開発されました。ケーキなどの洋菓子作りに使えてパンもふっくらふくらむ米粉は、小麦粉に代わる粉として、最近ではお菓子や料理に幅広く使われています。

－ 米粉の種類 －

スーパーやネットで米粉が手軽に手に入るようになりました。ただし、見た目は変わらなくてもメーカーによって品種や製法が異なるので、選ぶときには注意が必要です。
粒子の細かさ、水への溶けやすさ（吸水率）などで特性が違います。それによってパンに向くもの、お菓子に向くもの、料理に向くものと分かれるので、それぞれの特性に合わせて使い分けることをおすすめします。

ミズホチカラ

この本ではこれを使っています！

九州産の米を使用。私がいつも使っているのはこのパン用米粉で、これ一つでパンもお菓子も料理も対応できます。粒子が細かく溶けやすいのが特徴です。パサつきを抑え、ボリュームを出すのでふっくらもちもちのパンができます。（熊本製粉）

米の粉

新潟県産の米を使った米粉です。ダマになりにくい超微粒子で、お菓子や料理にぴったり。アレンジしだいでしっとり、もっちりした食感が楽しめます。スーパーなどで手に入りやすく、価格も手頃です。（共立食品）
※この本のレシピの水分量でも似たように作れますが、食感は少し変わります。

その他

「米粉」、「米の粉」などの名前でいろいろなメーカーから販売されています。米粉100％であればグルテンは含まれませんが、「米粉ミックス」などと書かれたものはグルテンフリーでないことがあるので、よく確認してください。

− 吸水率はそれぞれ違うので注意！ −

一口に米粉といっても吸水率はそれぞれ違うので、気をつけないと仕上がりに影響します。レシピ通りに作ったのにかたくなったなら、同じ水分量でも吸水率が高い米粉であったためかもしれません。その場合は水分を加えるなどして吸水率のタイプに合わせて液体量を調整する必要があります。

米粉を同量の水で溶いて吸水率を比較

サラッと

モロッと

吸水率
低いタイプ

少量の水でもなめらかな吸水率の低い米粉は、ふんわりして軽やかな生地になります。パン、お菓子、料理全般に最適。P12の「ミズホチカラ」、「米の粉」はこのタイプです。

吸水率
高いタイプ

吸水率が高いとダマになるので、なめらかな状態にするにはもっと水分を加える必要があります。どっしりした生地になるので、クッキーやお団子、料理のとろみづけなどに向きます。

− 米粉の保存法 −

湿度に弱いので、開封後は袋の空気を抜いてぴったり閉じるか、密閉容器に移し替えてください。直射日光の当たらない冷暗所で保管し、開封したら早めに使い切ることも大切です。
米粉はパンケーキ2〜3枚が作れる使い切りタイプから、20kgの業務用までさまざまな容量のものがあります。初心者はなるべく使い切り量で試すほうがいいかもしれません。量が多くて余った場合は小分けにして冷凍保存しておくと、カビの発生や風味の劣化を防げます。

作り方は簡単
3STEPで失敗なし！

材料をボウルに入れてぐるぐる混ぜ、あとは焼いたり蒸したり、冷やしたり。基本の流れはたったの3STEP。扱いのラクな米粉は、調理も簡単スピーディです。

STEP 1

計量する

スケールの上にボウルを置き、材料を量りながら加えます。ひとつの材料を入れるごとにスケールのg表示を0にリセットすればOK。

STEP 2

混ぜる

米粉などの粉類はふるわずに加えて、ゴムベラなどでぐるぐると混ぜます。混ぜすぎても小麦粉のようにグルテンが出てかたくなる心配は不要です。

STEP 3

加熱する

形をととのえたり、型に入れたらフライパン、鍋、オーブン、電子レンジなどで焼いたり蒸したりすれば出来上がり。冷蔵庫や冷凍庫で冷やすことも。

おすすめの 道具

基本の道具は4つだけです。写真はどれも私がふだん使っているものです。特別な型がなくてもできるレシピはたくさんありますが、このほかパウンドケーキ型や丸型、クッキーの抜き型などを揃えれば、見た目もランクアップします。

ボウル
直径20cmのステンレス製を使っています。材料を混ぜるときに使います。そのまま電子レンジなどで加熱するときは、耐熱ガラス製を使ってください。

スケール
材料を一つずつ量りながらその都度0gに戻せるものを。ワンボウルのまま材料を追加で入れられて便利です。0.5g単位で測れるデジタルスケールがおすすめ。

泡立て器
手になじむ、使いやすいものを選んで。量が多いものの泡立てには、電動のハンドミキサーやハンドブレンダーなどが便利。

ゴムベラ
生地をさっくり混ぜたいときや、すり混ぜるときなどに。熱いものにも使用できる耐熱シリコン製がベストです。

使いたい 食材

おいしくヘルシーな米粉のレシピに欠かせない、この本で積極的に使っている食材です。米粉と相性がよく、全体の味や食感を引き立てる脇役です。アレルギーのある方はこれらの食材に置き換えて使ってください。

豆乳
無調整豆乳がおすすめ。この本のレシピの牛乳はすべて置き換えられます。他にアーモンドミルクやココナッツミルクなどでも。

米油
米ぬかから作られる植物油です。この本では、バターの代わりになる植物油はすべて米油を使用。菜種油でも大丈夫です。

メープルシロップ
サトウカエデなどの樹液を濃縮した甘味料。砂糖の代わりの甘みに使います。はちみつで代用してもいいです。

甘酒
発酵食品で必須アミノ酸をバランスよく含み、ビタミンB群も豊富。砂糖の代わりに使えば体が喜びそうです。

ベーキングパウダー
ふくらし粉として、クイックパン作りに必要です。主成分は重曹で、パンがふっくら形よくふくらみます。

ギリシャヨーグルト
水切りしたヨーグルト。濃厚でクリームとして使えます。プレーンヨーグルトをざるなどに入れて水切りし、自分で作っても。

粉寒天
ゼラチンの代わりに海藻から作られる粉寒天を使えばよりヘルシー。食物繊維が豊富で、腸の働きを活性化させます。

豆腐
タンパク質やカルシウムなどを含み栄養豊富。水分の代わりに使えば栄養もおいしさもアップ。おもに絹豆腐を使用しています。

Part 1

簡単なのに
とっておきおやつ

基本はワンボウルで混ぜてから
焼いたり蒸したりするだけ。
簡単でイチオシのおやつをご紹介します。
ラッピングして手土産に、
またお客さまを呼んだパーティにも活躍する、
見た目も自慢の逸品です。

デコレーションケーキ

基本のスポンジとクリームに、
お好みのフルーツやクッキーをトッピングすれば、
デコレーションケーキが完成です。
クリームや飾りはラフにして、
素朴さがかわいい仕上がりに。

材料3つ！米粉スポンジ

少ない材料でおいしくできる基本のスポンジです。

材料（20×10×6cmセラベイクパウンド型・1台分）

卵 --- 2個
はちみつ（またはメープルシロップ）--- 20g
米粉 --- 40g

下準備
・オーブンを170℃に予熱する。

作り方

1. ボウルに卵を割り入れ、ハンドミキサーの高速で4〜5分しっかり泡立てる。その後、低速にして30秒〜1分泡立て、きめを整える。
   POINT 数字の8が描けるくらいまで泡立てる（a）。

2. はちみつを加え、ハンドミキサーで軽く混ぜてなじませる。

3. 米粉を加え、ゴムベラで下からすくうように手早く混ぜる。
   POINT 泡をつぶさないように気をつけながら、30〜50回ツヤが出るまで混ぜる。

4. 生地をパウンド型に流し入れ、10cmほどの高さから一度落とし、空気を抜いてから170℃のオーブンで約25分焼く。

5. 焼き上がったら再び10cmほどの高さから落として空気を抜く。
   POINT 粗熱がとれたら完成。厚みを半分に切る（b）。

補足
・卵が冷たいとふくらみが悪くなります。材料は常温にもどしておくのがおすすめ。
・生地は人肌程度に湯煎して作ってもいいです。
・セラベイク以外のパウンド型を使用する場合はクッキングシートを敷いてください。

保存

冷蔵	期間：2日
	保存法：ラップなどに包む

冷凍	期間：2週間
	解凍法：自然解凍

a

b

砂糖なしジンジャークッキー

しょうがの香りがアクセント。
型がなければお好みの形にカットするだけでも！

材料
（ジンジャーマン型長さ3.5cm・24個
＋星型3cm・17個分）

A｜米油 ___ 30g
　｜メープルシロップ ___ 35g
　｜水 ___ 10g
B｜米粉 ___ 70g
　｜アーモンドプードル ___ 30g
　｜ジンジャーパウダー ___ 1g
　｜塩 ___ 1g（ひとつまみ）

下準備
・天板にクッキングシートを敷く。
・オーブンを170℃に予熱する。

作り方

1. ボウルにAを入れて泡立て器でしっかり乳化するまで混ぜる。

2. Bを加えてゴムベラでツヤが出るまで混ぜ、ひとまとめにする。

3. ボウルから出しラップをかぶせ、めん棒で4〜5mmの厚さに伸ばし、お好きなクッキー型で抜く。または包丁でカットしてもよい。

4. 天板にのせて170℃のオーブンで20〜25分焼き、そのまま冷めるまで置く。

POINT 焼き加減はクッキーの周りにほんのり色がつくくらいが目安。

※お好みでバニラオイル2〜3滴、シナモンパウダー1gを加えてください。
※ジンジャーパウダーがなければ、おろししょうが少々でも代用できます。

保存

	期間：1日		期間：2〜3日		期間：2週間
常温	保存法：ラップなどに包む	冷蔵	保存法：ラップなどに包む	冷凍	解凍法：自然解凍

甘酒クリーム&デコレーション

P19のスポンジを甘酒の甘みがやさしいクリームでデコレーションしましょう。

材料

米粉スポンジ
（20×10×厚さ2〜3cm・P19参照）
___ 2枚
メープルシロップ ___ 15g
湯 ___ 15g

クリーム
| 生クリーム ___ 200g
| 濃縮甘酒 ___ 40g
| バニラオイル ___ 適量

トッピング
| いちご（中にはさむ用も含む）___ 適量
| ジンジャークッキー（P20参照）___ 適量

作り方

1. 器にスポンジ1枚を置き、メープルシロップと湯を混ぜたシロップを半量塗る。

2. クリームを作る。ボウルにクリームの材料を入れ、ハンドミキサーか泡立て器で八分立てに泡立てる。

3. クリーム適量をスポンジ全体にスプーンで塗る。

4. いちごはヘタを取って縦半分に切り、クリームの上に並べる。

5. クリーム適量をのせ、上にスポンジを置く。

6. 1のシロップの残りを塗り、クリームの残りを塗って縦半分に切った飾り用のいちご、ジンジャークッキーをのせる。

7. お好みで粉砂糖やココナッツパウダーをふって出来上がり。

補足

・スポンジにシロップを塗るとしっとりしてよいですが、塗らなくても大丈夫です。

保存

冷蔵
期間：2日
保存法：ラップなどに包む

いちごのミルフィーユ

グルテンフリーでさっくさくのパイが出来上がり。
そこにいちごとクリームを足せば
大人気のミルフィーユが自分でも作れます。
プレゼントにしても喜ばれそう！

材料（9×約3.5×厚さ3cm・5個分）

基本のパイ生地（9×約3.5cm）
　--- 10枚
甘酒カスタードクリーム --- 適量
いちご（中にはさむ用も含む）--- 適量
粉砂糖（またはココナッツフレーク）
　--- 適量

作り方

1. パイ生地にカスタード、縦半分に切ったいちご、カスタードの順に重ね、さらに上にパイ生地をのせる。

2. 粉砂糖をふって縦半分に切ったいちごを飾る。

--- a

--- b

保存

冷蔵	期間：**2日**
	保存法：ラップなどに包む

冷凍	期間：**2週間**
	保存法：生地のみラップなどに包んで冷凍可
	解凍法：自然解凍

基本のパイ生地

材料（18cm角・1枚分）

米粉 --- 80g
片栗粉 --- 20g
バター（無塩）--- 70g
塩 --- 1g（ひとつまみ）
冷水 --- 20g
（お好みで）ツヤ出し用卵液 --- 適量

下準備
・天板にクッキングシートを敷く。
・オーブンを200℃に予熱する。

作り方

1. ボウルに米粉、片栗粉、小さく切ったバター、塩を入れて冷蔵庫で30分〜1時間冷やし、取り出して両手ですり混ぜる。

POINT バターは1cm角に切って加える（a）。

POINT 粉チーズ状になるまで両手でもむようにすり混ぜる（b）。

2. 冷水を加えてよく混ぜ、ひとまとめにする。
3. 生地をめん棒で伸ばし、3つ折りにして伸ばす。これを上下・左右交互に5回繰り返し、冷蔵庫で1時間以上冷やす。取り出して常温に5分ほど置く。
4. パイ生地をめん棒で18×18cm×厚さ2〜3mmに伸ばす。
5. 10等分に切り、天板にのせてお好みで卵液を表面に塗る。
6. 200℃のオーブンで約15分焼き、そのままさめるまで置く。

甘酒カスタードクリーム

材料（作りやすい分量）

甘酒（ストレートタイプ）--- 220g
卵 --- 1個
米粉 --- 15g（約大さじ2）
バニラオイル --- 5滴

作り方

1. 耐熱容器にバニラオイル以外の材料を入れ、米粉が完全に溶けるまで泡立て器で混ぜる。
2. ラップをかけずに600Wの電子レンジで2分30秒加熱し、取り出して泡立て器でなめらかになるまで混ぜる。
3. 再びレンジで1分30秒加熱し、バニラオイルを加えて混ぜる。
4. 粗熱がとれたら冷蔵庫に入れて冷やす。

三角チョコバナナパイ

さくさくパイから濃厚な
バナナチョコクリームがあらわれる、
満足度ナンバーワンのパイ。
かわいい三角形で、
おやつタイムにちょっとつまむのにも最適です。

材料（1辺7〜9cm三角形・8個分）

- 米粉 --- 75g
- 片栗粉 --- 20g
- バター（無塩） --- 70g
- 塩 --- 1g（ひとつまみ）
- ココアパウダー --- 5g
- 冷水 --- 20g
- バナナチョコクリーム --- 適量

下準備

- 天板にクッキングシートを敷く。
- オーブンを200℃に予熱する。

バナナチョコクリーム

材料（作りやすい分量）
- バナナ --- 1本
- ココアパウダー --- 20g

作り方
1. ボウルにバナナを入れてつぶす。
2. ココアパウダーを加えてよく混ぜる。

作り方

1. ボウルに米粉、片栗粉、小さく切ったバター、塩、ココアパウダーを入れて冷蔵庫で30分〜1時間冷やし、取り出して両手ですり混ぜる。

2. 冷水を加えてよく混ぜ、ひとまとめにする。

3. 生地をめん棒で伸ばし、3つ折りにして再び伸ばす。これを5回繰り返し、冷蔵庫で1時間以上冷やす。

4. 取り出して常温に5分ほど置き、めん棒で18×18cm×厚さ2〜3mmに伸ばす。

5. 三角形に切り[※]、1枚にバナナチョコクリームをのせ、もう1枚をかぶせて、フォークで端を押さえる。

※4を縦横半分に切って4等分し、それをさらに対角線で4等分に切って、三角形を16枚作る。
※ツヤを出したいときはお好みで卵液適量（分量外）を生地に塗ってください。

6. 天板にのせ、200℃のオーブンで約15分焼き、そのままさめるまで置く。

保存

常温	冷蔵	冷凍
期間：1日	期間：2〜3日	期間：2週間
保存法：ラップなどに包む	保存法：ラップなどに包む	解凍法：自然解凍

オープンアップルパイ

りんごを生のまま加えて、
りんご本来のおいしさをパイ生地とともに
シンプルに味わいます。
りんごは紅玉、ふじなどお好みで。
旬の時期に一度は作りたいパイです。

材料（18×18cm・1台分）
りんご --- 小1個
基本のパイ生地 --- 1枚
※P23参照
アプリコットジャム（またははちみつ）
　--- 適量
ココナッツファイン --- 適量
ミントの葉 --- 適量

下準備
・天板にクッキングシートを敷く。
・オーブンを200℃に予熱する。

作り方
1. りんごは芯を除き、皮ごと1〜2mmの薄切りにする。
2. 基本のパイ生地を約18cm角に伸ばす。
3. りんごを並べ、生地の縁を少し折り曲げる。

※ツヤを出したいときはお好みで卵液適量（分量外）を生地に塗ってください。

4. 天板にのせ、200℃のオーブンで約15分焼く。
5. 仕上げにアプリコットジャムをスプーンなどで塗り、ココナッツファインをふり、ミントを飾る。

保存

常温	冷蔵	冷凍
期間：1日	期間：2〜3日	期間：2週間
保存法：ラップなどに包む	保存法：ラップなどに包む	解凍法：自然解凍

ティラミス

ヨーグルトとチーズのさっぱりしたクリームと濃いコーヒー味がマッチ。
バットで作って器にすくって入れますが、最初から小さい器に分けて作ってもいいでしょう。

材料（13×19×4cmホーローバット・1台分）

クリームチーズ___50g
ギリシャヨーグルト（無糖）___150g
メープルシロップ___40g
米粉スポンジ（P19参照）___1台分
濃い目のコーヒー___適量
ココアパウダー___適量

下準備
・クリームチーズは常温にもどすか、レンジで20秒ほど温めてやわらかくする。

作り方

1. ボウルにクリームチーズを入れ、ゴムベラでよく混ぜてクリーム状にする。

2. ギリシャヨーグルト、メープルシロップを加えてなめらかになるまで混ぜる。

3. スポンジを適当な大きさに切り、容器に詰める。
   POINT 容器に合わせてすき間のないように敷き詰める（a）。

4. スポンジにコーヒーをしみこませ、2のクリームをのせる。
   POINT クリームはスプーンでスポンジにまんべんなくのせる（b）。

5. ココアパウダーを茶こしでふって全体にかける。

※お好みでミントの葉を飾って。

a

b

保存

冷蔵	期間：2日
	保存法：保存容器に入れる

抹茶マフィン／ほうじ茶マフィン

お茶パウダーで手軽にできる風味のよいマフィン2種です。
メープルシロップのやさしい甘みで気分はほっこり。朝食にも向きます。

材料（直径6cmマフィン型・3個分）

A｜プレーンヨーグルト（無糖）---50g
　｜メープルシロップ---35g
　｜米油---15g
　｜水---20g
B｜米粉---70g
　｜抹茶（またはほうじ茶パウダー）---5g
ベーキングパウダー---3g

下準備
・オーブンを180℃に予熱する。
・マフィン型にグラシンカップを入れる。

作り方
1. ボウルにAを入れ、泡立て器でよく混ぜる。
2. Bを加え、全体にツヤが出るまで混ぜる。
3. ベーキングパウダーを加えて15回ほど混ぜる。
4. 型に流し入れ、180℃のオーブンで約20分焼く。

保存

常温	期間：1日
	保存法：ラップなどに包む

冷蔵	期間：2日
	保存法：ラップなどに包む

冷凍	期間：2週間
	解凍法：ラップのまま600Wの電子レンジで1個につき20～30秒加熱

ココアアーモンドクッキー

卵黄で作ります。
アーモンドスライス入りで
香ばしく。
卵白はココナッツロッシェクッキーにして
1つの卵で2種類のクッキーができます。

材料（直径3cm・12～13個分）

A ｜卵黄 --- 1個
　｜メープルシロップ --- 30g
　｜米油 --- 20g
B ｜米粉 --- 60g
　｜ココアパウダー --- 7g
　｜アーモンドスライス --- 10g

下準備

・天板にクッキングシートを敷く。
・オーブンを170℃に予熱する。

作り方

1. ボウルにAを入れ、全体が少し白っぽくなるまで泡立て器でよく混ぜる。

2. Bを加えてゴムベラでツヤが出るまで混ぜ、ひとまとめにする。

3. 直径3cmの棒状に整えて、ラップに包み、切りやすくなるよう冷凍庫で5分冷やす。

4. ラップを外し、1cmの厚さに切って天板に間隔を空けて並べ、170℃のオーブンで20～25分焼き、そのままさめるまで置く。

保存

常温 期間：5日　保存法：ラップに包むか密閉容器に入れる

冷蔵 期間：5日　保存法：ラップに包むか密閉容器に入れる

冷凍 期間：2週間　解凍法：自然解凍

ココナッツ
ロッシェクッキー

卵白で作るクッキーです。
ココナッツのさくさく食感がやみつきに。
ココアアーモンドクッキーとともに詰め合わせ、
手土産にしてはいかがでしょう。

材料（直径3cm・10個分）

A | 卵白 --- 1個
　| はちみつ --- 20g
B | 米粉 --- 30g
　| ココナッツファイン --- 30g
　| アーモンドプードル --- 30g

下準備

・天板にクッキングシートを敷く。
・オーブンを170℃に予熱する。

作り方

1. ボウルにAを入れて白っぽくなるまで泡立て器でよく混ぜる。

2. Bを加えて混ぜ、ゴムベラでひとまとめにする。

3. 天板にスプーンなどで間隔を空けて落とす。

4. 170℃のオーブンで20～25分焼き、そのままさめるまで置く。

保存

	常温	冷蔵	冷凍
期間	3日	5日	2週間
保存法/解凍法	ラップに包むか密閉容器に入れる	ラップに包むか密閉容器に入れる	自然解凍

甘酒グラノーラ

そのまま食べても、牛乳をかけたりヨーグルトに添えてもおいしいグラノーラは、
朝食に欠かせません。麹の甘みでよりヘルシーに。多めに作ってストックしてもいいですね。

材料（作りやすい分量）

オートミール___100g
米粉___30g
塩___1g（ひとつまみ）
濃縮甘麹___100g
ココナッツオイル___30g
好みのナッツ___適量
好みのドライフルーツ___適量

下準備

・天板にクッキングシートを敷く。
・オーブンを160℃に予熱する。

作り方

1. ボウルにオートミールと米粉を入れてゴムベラで混ぜる。

2. 塩、甘麹、ココナッツオイルを加えてさらに混ぜる。

3. 天板に2を薄く広げ、160℃のオーブンで15分ほど焼く。

4. 一度取り出してほぐし、ナッツ、ドライフルーツを加えて混ぜ、再び160℃のオーブンで10〜15分焼く。

※オーブンの機種によっては焦げやすいので、10分を過ぎたら様子を見ながら焼き時間を調節してください。

5. 焼き上がったら、天板の上にのせたまま完全にさめるまで置く。

POINT このままさますことでザクザク食感になる。さめるまで触らないこと（a）。

a

保存

常温	期間：5日
	保存法：密閉容器に入れる

冷蔵	期間：1週間
	保存法：密閉容器に入れる

冷凍	期間：2週間
	解凍法：自然解凍

フライパンでチーズ蒸しケーキ

幅広い世代から愛される人気抜群のケーキです。チーズの濃厚な味がポイント。
フライパンで初心者でも失敗なくできるので、手軽に挑戦してみて！

材料（直径7〜8cmカップ・3個分）

クリームチーズ＿＿＿30g
米油＿＿＿10g
メープルシロップ＿＿＿25g
牛乳＿＿＿70g
米粉＿＿＿70g
ベーキングパウダー＿＿＿4g

下準備

・カップにグラシンカップを入れる。
・クリームチーズは常温にもどすか、600Wの電子レンジで20秒ほど温め、やわらかくする。
・フライパンに2cmほど水を入れ、火にかける。

作り方

1. ボウルにクリームチーズを入れて泡立て器で練り混ぜる。米油、メープルシロップ、牛乳を順に加えて、その都度混ぜる。

   POINT 順に加えて混ぜていくと分離しない。

2. 米粉を加えてしっかり混ぜ、さらにベーキングパウダーを加えて約15回混ぜる。

   POINT ベーキングパウダーを加えたらなるべく早く蒸すこと。

3. カップに2の生地を流し入れる。

4. 湯が沸騰したらフライパンの底にクッキングシートを敷き、カップを置いてふたをして約12分蒸す。

   POINT 蒸す前〜蒸しているときは、必ず湯がぶくぶくしていて、"蒸気が立った状態"にすること。

※お好みで、蒸し上がったらフライパンで表面を焼き、焼き目をつけてもいいでしょう。

保存

冷蔵 期間：**2日** / 保存法：ラップなどに包む

冷凍 期間：**2週間** / 解凍法：ラップのまま600Wの電子レンジで1個につき20〜30秒加熱

バナナパンケーキ

材料4つで本格的なパンケーキが出来上がり。小麦粉、砂糖、卵を使わず、牛乳は豆乳にかえても。もっちもちでふっわふわの食感が魅力。好みのものをトッピングしてください。

材料（直径12〜13cm・3枚分）

バナナ___100g
牛乳___80g
米粉___100g
ベーキングパウダー___4g
バター、はちみつ（またはメープルシロップ）___各適宜

作り方

1. ボウルにバナナを入れ、フォークやマッシャーなどで粘りが出るまでしっかりつぶして混ぜる。

2. 牛乳を加えて泡立て器で混ぜ、さらに米粉を加えてしっかり混ぜる。

3. 焼く直前に2にベーキングパウダーを加え、10回ほど混ぜる。
   POINT ベーキングパウダーを加えたら、すぐに焼く。

4. フライパンに薄く油（分量外）をひいて3を流し入れ、弱めの中火で両面がきつね色になるまで焼く。

5. 器に盛り、お好みでバターをのせ、はちみつをかける。

保存

常温	期間：1日
	保存法：ラップなどに包む

冷蔵	期間：2〜3日
	保存法：ラップなどに包む

冷凍	期間：2週間
	解凍法：ラップのまま600Wの電子レンジで1枚につき20〜30秒加熱

しっとりりんごケーキ

フライパンで焼いて、最後にひっくり返せばできちゃう簡単ケーキ。
お好みでシナモン、レーズンなどを加えたり、半量ずつ小さめに焼いてもいいですね。

材料（直径18cmフライパン・1台分）

りんご（正味）---200g
A | メープルシロップ---40g
　　※りんごの甘みで調節
　| 米油---30g
　| 卵---2個
B | 米粉---140g
　| ベーキングパウダー---8g

作り方

1. りんごは半分をすりおろし、半分は薄く切る。
---
2. ボウルにりんごのすりおろしを入れ、Aを加えて泡立て器でよく混ぜる。
---
3. Bを加えてさらに混ぜる。
---
4. 薄く切ったりんごをフライパンに並べ、3の生地を流し入れる。
※フッ素樹脂加工のフライパンなら生地をそのまま流し入れて火をつけます。それ以外はクッキングシートを敷いてフライパンを温めてから生地を流し入れます。
---
5. ふたをして弱火で約20分蒸し焼きにする。
---
6. ひっくり返してケーキクーラーなどにのせ、粗熱をとる。

保存

| 常温 | 期間：1日 |
| 保存法：ラップなどに包む |

| 冷蔵 | 期間：2〜3日 |
| 保存法：ラップなどに包む |

| 冷凍 | 期間：2週間 |
| 解凍法：ラップのまま600Wの電子レンジで30秒加熱 |

Part 2

ノンオイルおやつ

罪悪感なく食べられる、
ヘルシーなお菓子を知りたい。
そんな願いを叶える、
ノンオイルのおいしいレシピです。
ダイエット中のおやつにも最適です。
ぜひ参考にしてみて！

クレープロール

ミルクレープを作るのは大変だけど、ロールにすれば手間がかからず、おすすめです。
味はまるでミルクレープ。もちろん巻かずにクレープとして食べてもおいしいです。

材料（直径24cm・3〜4枚分）

A | 卵 --- 1個
　| 牛乳 --- 100g
　| はちみつ --- 15g
　　※メープルシロップなどお好みの甘みでOK

米粉 --- 50g

クリーム
　| 生クリーム --- 200g
　| はちみつ --- 20g

作り方

1. ボウルにAを入れ、泡立て器で混ぜる。

2. 米粉を加えて混ぜ、冷蔵庫に入れて15分以上寝かせる。

3. 直径26cmのフライパンに薄く油（分量外）をひいて熱し、玉じゃくしで2を流し入れる。弱めの中火で火を通し、粗熱をとる。
   POINT 生地を薄く伸ばし、片面焼きにすると6で巻きやすいです。

4. クリームを作る。ボウルに生クリームを入れ、ハンドミキサーか泡立て器でゆるめに泡立て、はちみつを加えて八分立てくらいに泡立てる。

5. クッキングシートを広げクレープを端を重ねて並べる。クリームをスプーンで塗って、手前にいちごなどお好みのフルーツ適量（分量外）を置く。
   POINT クリームは薄めに塗ったほうが巻きやすいです。

6. クレープの左右を折りたたみ、くるくると巻く。
   POINT フルーツを置いた手前から奥に向かって広がらないように少し力を入れながら巻き込んでいく（a）。

※食べやすく切り、お好みでクリームやフルーツを飾ってください。

アレンジ　巻かずにバターやはちみつを添えて食べても（b）！
　　　　　その場合は、ひっくり返して両面焼いてください。

— a

— b

保存

冷蔵　期間：2日
　　　保存法：ラップなどに包む

甘酒バスクチーズケーキ

少ない材料でお店超えのバスチーが完成。お砂糖も生クリームも使っていないなんて、しかも甘酒で発酵食品がとれちゃうなんて……。どこで買ってきたの?!と必ず驚かれる自信作です。

材料（直径15cm丸型・1台分）

クリームチーズ＿＿＿200g
濃縮甘酒＿＿＿100g
ギリシャヨーグルト（無糖）＿＿＿100g
メープルシロップ＿＿＿30g
卵＿＿＿2個
米粉＿＿＿20g

下準備

・クリームチーズは常温にもどすか、600Wの電子レンジで20秒ほど温め、やわらかくする。
・型に水で濡らしてくしゃくしゃにしたクッキングシートを敷く。

　POINT　型より大きめのクッキングシートを用意し、濡らしてしわを作り、型に敷く（a）。

・オーブンを220℃に予熱する。

作り方

1. ボウルにクリームチーズを入れ、ゴムベラでなめらかになるまでよく練り混ぜる。

2. 濃縮甘酒、ギリシャヨーグルト、メープルシロップ、卵、米粉を順に加え、その都度混ぜる。

　POINT　ブレンダーがあればすべての材料を一度に入れて撹拌のみでOK。

3. 型に生地を流し入れて、天板に置き、220℃のオーブンで30分焼く。

　POINT　表面はふるふるしているのが理想。オーブンの上段に入れて焼く。

4. 粗熱がとれたら冷蔵庫に入れ、一晩以上寝かす。

a

保存

冷蔵	期間：**3日**
	保存法：ラップなどに包む

冷凍	期間：**2週間**
	解凍法：自然解凍

もっちりワッフル

米粉と相性のよい豆腐でワッフルにしました。
クリームやフルーツをのせたり、粉砂糖をふったり、
お好きにアレンジしてくださいね。

材料（直径7〜8㎝・2枚分）

絹豆腐 _ _ _ 120g
メープルシロップ _ _ _ 25g
米粉 _ _ _ 85g
ベーキングパウダー _ _ _ 4g
牛乳 _ _ _ 20g

作り方

1. ボウルに豆腐を入れ、ゴムベラでなめらかになるまで混ぜる。

2. メープルシロップ、米粉、ベーキングパウダーを加えて混ぜる。
   POINT メープルシロップの分量はお好みで調節を。

3. 牛乳を数回に分けて加え、その都度混ぜる。

4. ワッフルメーカー（なければフライパン）にバターや油適量（分量外）を塗り、生地を流し入れて4〜5分焼く。

保存

冷蔵	期間：3日
	保存法：ラップなどに包む

冷凍	期間：2週間
	解凍法：ラップのまま600Wの電子レンジで1個につき20〜30秒加熱

甘酒のふんわり蒸しパン

真っ白でふわふわの蒸しパンはおやつにも夜食にも喜ばれます。
甘酒のほんのりした甘みにほっこり癒やされます。

材料（直径8cmカップ・2〜3個分）

甘酒（ストレートタイプ）___50g
牛乳___50g
米粉___75g
ベーキングパウダー___3.5g

下準備

・鍋に水をたっぷり入れ、沸かしておく。
・カップにグラシンカップを入れる。

作り方

1. ボウルにベーキングパウダー以外の材料を入れて泡立て器かゴムベラでよく混ぜる。

2. 鍋の湯が沸騰してきたら、ベーキングパウダーも加えて約15回混ぜる。

3. 生地をカップに流し入れ、せいろに並べて鍋にのせ、約12分蒸す。

※600Wの電子レンジで蒸す場合は、ふんわりラップをして1個につき約1分加熱してください。
※フライパンのみで蒸す場合は、P35「フライパンでチーズ蒸しケーキ」の作り方4と同様に蒸してください。

補足

蒸しパンをおいしく作るには
・ベーキングパウダーを入れたらすぐに蒸すこと。
・蒸している間、お湯はぶくぶくと蒸気が立っている状態を保ちましょう。
・電子レンジの場合は、表面が乾いていたらOKです。表面がべたついている場合は10秒ずつ追加で加熱し、様子を見ます。加熱しすぎるとかたくなりますので慎重に！

保存

冷蔵	期間：2日
	保存法：ラップなどに包む

冷凍	期間：2週間
	解凍法：ラップのまま600Wの電子レンジで1個あたり20〜30秒加熱

ノンオイルきなこクッキー

かためで素朴な味わいがクセになります。食べ出したら止まらないノンオイルクッキー。低カロリーなので安心です。お好みでごまを加えてもいいでしょう。

材料（4cm角・18枚分）

A｜オートミール___30g
　｜きなこ___20g
　｜米粉___30g
　｜アーモンドプードル___20g
　｜片栗粉___15g
メープルシロップ___35g
水___25g

下準備
・オーブンを170℃に予熱する。

作り方

1. ボウルにAを入れて、ゴムベラで全体がなじむまで混ぜ合わせる。

2. メープルシロップ、水を加え、しっかり混ぜてひとまとめにする。

3. クッキングシートの上に生地を置き、めん棒で12×24cmほどに伸ばし、包丁で約4cm角に切り、間隔を空けながら並べる。

4. クッキングシートごと天板にのせ、170℃のオーブンで約20分焼き、そのままさめるまで置く。

※黒いりごま10gを加えても香ばしくておいしいです。

保存

常温	期間：**5日**
	保存法：ラップに包むか密閉容器に入れる

冷凍	期間：**2週間**
	解凍法：自然解凍

甘酒の腸活アイス

生クリームもお砂糖も使っていないのに、なめらかで濃厚なアイスクリームになりました。
甘酒の栄養だけでなく、寒天の食物繊維もとれておなかの調子も整います。

材料（作りやすい分量）

甘酒（ストレートタイプ）___200g
米粉___10g
粉寒天___1g
冷凍いちご（または冷凍ブルーベリー）___適量

作り方

1. 小鍋に甘酒、米粉、寒天を入れ、寒天が溶けるまで泡立て器でよく混ぜる。

2. 中火にかけて沸騰させ、沸騰したら弱火にして2分加熱する。
   POINT 常に混ぜながら加熱すること！

3. 粗熱がとれたら密閉保存袋に流し入れ、いちごなどの冷凍フルーツを加えて混ぜ、冷凍庫で4〜6時間冷やす。
   POINT 1時間ほどして少しかたまってきたら、袋ごともんでやわらかくする。

補足

・いちごとブルーベリーのアイスをアイスクリームディッシャーで器に盛りました。お好みでミントの葉を飾って。

保存

冷凍	期間：**1〜2週間**
	保存法：密閉保存袋に入れる

豆腐と米粉のはちみつアイス

パックの充填豆腐を使って舌触りなめらかに。低カロリーがうれしいアイスクリームです。
加熱の際はよく混ぜながら作ってください。

材料（作りやすい分量）

充填豆腐 --- 150g
米粉 --- 10g
はちみつ --- 40g
塩 --- 1g（ひとつまみ）

作り方

1. 小鍋に材料をすべて入れ、豆腐がなめらかになり、米粉が溶けるまで泡立て器でよく混ぜる。

---

2. 中火にかけて2分、とろみがつくまで混ぜながら加熱する。

---

3. 耐熱密閉容器に流し入れ、粗熱がとれたら冷凍庫で4～6時間冷やす。

補足

・冷凍庫に入れたら、1～2時間に1回かき混ぜると、よりなめらかな仕上がりになります。

保存

冷凍	期間：**1～2週間**
	保存法：密閉容器に入れる

カッサータ

味わいリッチなアイスケーキ・カッサータが生クリームも砂糖もなしで作れます。
ドライフルーツやナッツをちりばめて、彩りと食感を楽しみましょう。

材料（14×14cm密閉容器・1台分）

ギリシャヨーグルト（無糖）___200g
米粉___10g
はちみつ___25g
お好きなドライフルーツやナッツ___各適量

作り方

1. 小鍋にギリシャヨーグルト100gと米粉、はちみつを入れ、中火にかけながらゴムベラで混ぜる。

----

2. 1〜2分加熱してとろみが出てきたら火を止めて、残りのギリシャヨーグルトを加えてよく混ぜ、最後にドライフルーツやナッツを加えて混ぜる。

----

3. 容器に2を流し入れ、粗熱がとれたら冷凍庫に入れ、かたまるまで4時間以上しっかり冷やす。

----

4. 食べやすい大きさに切って器に盛る。

保存

冷凍
期間：1〜2週間
保存法：密閉保存袋に入れる

はちみつミルクプリン／黒ごまミルクプリン

卵を使わず、米粉と寒天でプリンのとろみを作ります。
牛乳は豆乳、アーモンドミルクなどほかのミルクにかえても◎。はちみつの甘さがきいています。

はちみつミルクプリン

材料
（直径7×高さ7cmのココットまたはグラス・2個分）

牛乳 ___ 200g
はちみつ ___ 35g
米粉 ___ 6g
粉寒天 ___ 1g

作り方

1. 小鍋にすべての材料を入れ、寒天が完全に溶けるまで泡立て器で混ぜる。

---

2. 中火にかけ、混ぜながら沸騰させる。沸騰したら弱火にして2分混ぜながら加熱する。

---

3. ココットなどの器に流し入れ、粗熱をとって冷蔵庫に入れ、1時間以上冷やす。

補足
・黒ごまミルクプリンは、はちみつミルクプリンの材料に、黒練りごま10gを加え、はちみつを35g→40gに増やして作ります。

保存

冷蔵	期間：2〜3日
	保存法：ラップをかける

Part 3

野菜のおやつ

野菜をもっと取り入れられたら。
それがおいしいおやつだったら。
そんな欲張りな願いに応えます。
栄養豊富で体によい
おやつのレシピがいっぱいです。

じゃがいもドーナツ

フライドポテトとドーナツの中間のような、一度食べたら忘れられない味です。
満腹感もあって、成長期の子どもの補食や軽食代わりにも最適です。

材料（直径6〜8cm・6個分）

じゃがいも（正味）___250g
A｜メープルシロップ___40g
　｜牛乳___40g
B｜米粉___60g
　｜ベーキングパウダー___2g
　｜塩___1g（ひとつまみ）

作り方

1. 皮をむいたじゃがいもを3〜4cm角に切ってラップに包み、600Wの電子レンジで5分加熱する。ボウルに入れ、フォークやマッシャーなどでつぶす。

2. Aを加えてゴムベラで混ぜる。

3. Bを加えて混ぜ、6個に分けてドーナツの形を作り、中温に熱した揚げ油（分量外）できつね色になるまで揚げる。

保存

常温	期間：1日
	保存法：ラップなどに包む

冷蔵	期間：2〜3日
	保存法：ラップなどに包む

冷凍	期間：2週間
	解凍法：ラップのまま600Wの電子レンジで1個あたり20〜30秒加熱

小松菜バナナ焼きドーナツ／
にんじんバナナ焼きドーナツ

青菜色でもにんじん色でもドーナツの形なら食べる！　野菜が苦手な我が子の大好きなドーナツです。
揚げないのでヘルシー。小松菜の代わりにほうれん草を使ってもおいしいです。

小松菜バナナ焼きドーナツ

材料（直径7cm・3個分）

A ｜ 小松菜 --- 50g
　｜ バナナ --- 80g
　｜ はちみつ --- 30g
　｜ 米油 --- 20g
米粉 --- 80g
ベーキングパウダー --- 3g

下準備

・小松菜は洗い、軽く水気のついた状態でラップに包み、600Wの電子レンジで3分加熱する。またはやわらかくゆでる。
・オーブンを180℃に予熱する。

作り方

1. ミキサーかハンドブレンダーでAの材料を撹拌し、ペースト状にする。

2. 米粉を加えてツヤが出るまでゴムベラで混ぜ、ベーキングパウダーを加えて約20回混ぜる。

3. ドーナツ型に生地を流し入れ、天板にのせる。

4. 180℃のオーブンで18～20分焼く。

補足

・にんじんバナナ焼きドーナツは、小松菜の代わりににんじんのすりおろし50gを加え、バナナを80g→60gに減らして作ります。

保存

常温	期間：1日
	保存法：ラップなどに包む

冷蔵	期間：2～3日
	保存法：ラップなどに包む

冷凍	期間：2週間
	解凍法：ラップのまま600Wの電子レンジで1個あたり20～30秒加熱

かぼちゃ団子みたらし

かぼちゃを練り込んだお団子は懐かしい味。
甘辛のみたらしだれがよく合います。
たれは電子レンジで作れば手軽です。

材料（2〜3cm大・9個分）

かぼちゃ（正味）___100g
はちみつ___20g
米粉___70g
塩___1g（ひとつまみ）

作り方

1. かぼちゃは小さく切って耐熱容器に入れ、600Wの電子レンジで4分加熱する。またはゆでてやわらかくする。

2. ボウルにかぼちゃを入れ、フォークやマッシャーなどでつぶし、はちみつを加えてゴムベラで混ぜる。

3. 米粉、塩を加えて混ぜ、ひとまとめにする。

4. 9等分にして丸め、たっぷり沸かした湯（分量外）で約2分ゆで、浮いてきたら取り出す。

※お好みで竹串に刺し、みたらしだれやあんこをかけて召し上がれ！

補足

生地のかたさとポイント
・耳たぶくらいのやわらかさが目安です。
・使うかぼちゃと米粉の種類によってやわらかさが変わるので、生地がたければ水で、やわらかければ米粉で調節します。

かぼちゃ団子 あんこ

かぼちゃ団子には、砂糖なしの
デーツのあんこを合わせて、
どこまでもヘルシーに。
炊飯器でほったらかしにして作る
簡単あんこは栄養満点です。

みたらしだれ

材料（作りやすい分量）

- しょうゆ　18g（大さじ1）
- みりん　18g（大さじ1）
- はちみつ　22g（大さじ1）
- 片栗粉　5g（大さじ1/2）
- 水　45g（大さじ3）

作り方

1. 耐熱容器にすべての材料を入れてサラサラになるまでスプーンなどでよく混ぜ、600Wの電子レンジで40秒加熱する。
2. 取り出して混ぜ、さらにレンジで40秒加熱し、混ぜる。

※鍋にすべての材料を入れて混ぜ、中火でとろみがつくまで加熱してもできます！

デーツのあんこ

材料（作りやすい分量）

- あずき　150g
- ドライデーツ（種抜き）　150g
- 塩　2g（ふたつまみ）

作り方

1. さっと水洗いしたあずきを炊飯器に入れる。

   POINT　洗うだけで浸水はしないこと。

2. 水を2合の線まで入れて、早炊きモードで炊く。
3. あずきが指でつぶせるやわらかさになっているのを確認したら、小さく切ったドライデーツ、塩、水150g（分量外）を加えて混ぜ、再び早炊きモードで炊く。

※3の工程であずきがまだかたかったら、もう一度炊きます。水分がなければ適量加えて炊いてください。

保存

	期間	保存法
常温	1日	密閉容器に入れる
冷蔵	2〜3日	ラップなどに包む
冷凍	2週間	解凍法：自然解凍

かぼちゃスコーン / さつまいもスコーン

ほっくり甘いかぼちゃとさつまいもをスコーンにしました。形はお好みで四角でも三角でも。
クリーム（P43参照）を添えてもいいでしょう。

かぼちゃスコーン

材料（8cm角・4個分）

かぼちゃ（正味）___100g
牛乳___20g
メープルシロップ___20〜30g
米油___20g
米粉___100g
ベーキングパウダー___6g

下準備
・オーブンを200℃に予熱する。

作り方

1. 皮をむいたかぼちゃを小さく切って耐熱容器に入れ、ラップをして600Wの電子レンジで2〜3分加熱するかゆでてやわらかくし、フォークやマッシャーなどでつぶす。

2. ボウルにかぼちゃ、牛乳、メープルシロップ、米油を入れてゴムベラでよく混ぜる。
   POINT メープルシロップの量はお好みでOK。

3. 米粉とベーキングパウダーを加えて混ぜ、ひとまとめにする。

4. クッキングシートの上にのせて3〜4cmの厚さに伸ばし、好きな形にカットして、間隔を空けて並べる。

5. クッキングシートごと天板にのせ、200℃のオーブンで17〜20分焼く。

※お好みでかぼちゃの種をトッピングしても。
※オーブントースターでもできます。まず5分ほど焼いてふくらんできたら、アルミホイルをかぶせてさらに10分焼きます。機種によって焼き時間は違うので、様子を見ながら調節してください。
※生地に少しシナモンパウダーを入れてもおいしいです。

補足
・さつまいもスコーンは、かぼちゃの代わりに皮をむいたさつまいも100gを蒸してつぶして加え、牛乳を20g→30gに増やしてください。お好みで最後に黒いりごまをトッピングします。
・かぼちゃやさつまいもの水分量、米粉の種類で生地のかたさが変わります。パサついてまとまらない場合は、水や牛乳を足してください。

保存

常温	期間：1日
	保存法：ラップなどに包む

冷蔵	期間：2〜3日
	保存法：ラップなどに包む

冷凍	期間：2週間
	解凍法：ラップのまま600Wの電子レンジで1個あたり20〜30秒加熱

さつまいもの濃厚贅沢ブラウニークッキー

子どもが大喜びするクッキーです。食べると中はしっとり。さつまいもの甘みが強ければ、はちみつは控えめでも大丈夫。かわいいラッピングでプレゼントにしてみては？

材料（直径4〜5cm・12枚）

A｜さつまいも（ゆでてつぶしたもの）___55g
　｜溶かしバター（無塩）___30g
　｜はちみつ___20g
　｜水___10g

B｜ココアパウダー___8g
　｜米粉___60g
　｜アーモンドプードル___20g

下準備
・天板にクッキングシートを敷く。
・オーブンを170℃に予熱する。

作り方

1. ボウルにAを入れて、ゴムベラで混ぜる。

2. Bを加え、ツヤが出るまで混ぜてひとまとめにする。
※お好みでチョコチップ15g（分量外）を加えても。

3. 生地を12等分にして丸め、6〜8mmの厚さに伸ばす。

4. 天板にのせ、170℃のオーブンで約15分焼く。
※粗熱がとれたあと、白いチョコチップ＋チョコレートソースで目を作ってのせるとかわいい！

保存

常温
期間：1日
保存法：ラップに包むか密閉容器に入れる

冷蔵
期間：5日
保存法：ラップに包むか密閉容器に入れる

冷凍
期間：2週間
解凍法：ラップのまま600Wの電子レンジで1個につき10〜20秒加熱

長いもミニアメリカンドッグ

一口サイズのアメリカンドッグなので、おつまみ感覚で食べられます。
もちろんフランクフルトソーセージで大きく作っても◎。
長いもを加えることで生地はふわふわになり、栄養満点です。

材料（3〜4cm大・16本分）

絹豆腐___55g
長いものすりおろし___30g
メープルシロップ___5g
米粉___50g
ベーキングパウダー___2g
ウインナーソーセージ___8本

作り方

1. ボウルに豆腐を入れ、泡立て器でつぶしなめらかにする。長いも、メープルシロップを加えて混ぜる。

2. 米粉、ベーキングパウダーを加えてさらに混ぜる。

3. 半分に切ったウインナーを竹串に刺し、2の生地を絡め、中温に熱した揚げ油（分量外）でこんがり色づくまで揚げる。

※お好みでトマトケチャップやマスタードを添えて。

保存

常温	期間：1日
	保存法：ラップなどに包む

冷蔵	期間：2〜3日
	保存法：ラップなどに包む

冷凍	期間：2週間
	解凍法：ラップのまま600Wの電子レンジで1個あたり20〜30秒加熱

Part 4

クイックパン

発酵いらず、サイリウムいらずの
らくらく手作りパンに挑戦。
30〜40分で完成します。
オーブンではなく
フライパンでできるパンもあります。
しっとりもちもちの食感を楽しんで！

米粉と豆腐のポンデケージョ

タピオカ粉を入れなくても、豆腐と米粉でもちもち食感のポンデケージョが手軽にできます。
青のりや、ケチャップのほか、ごま、ドライハーブなどを入れるとおいしさアップ。

材料（直径4cm・8個分）

絹豆腐＿＿＿100g
粉チーズ＿＿＿10g
米粉＿＿＿75g
ベーキングパウダー＿＿＿2g
米油＿＿＿5g
ピザ用チーズ＿＿＿30g

下準備

- 天板にクッキングシートを敷く。
- オーブンを200℃に予熱する。

作り方

1. ボウルに豆腐を入れ、ゴムベラでなめらかになるまでつぶし、混ぜる。
2. 残りの材料をすべて加え、ツヤが出るまで混ぜ、ひとまとめにする。
3. 8等分して丸め、天板にのせる。
4. 200℃のオーブンで約15分焼く。

補足

トマトバージョン
- 生地にトマトケチャップ20gを加え、豆腐は100g→80gに減らして作ってください。

青のりバージョン
- 米粉と同じタイミングで青のり2〜3gを加えてください。

保存

冷蔵	期間：**2日**
	保存法：ラップなどに包む

冷凍	期間：**2週間**
	解凍法：ラップのまま600Wの電子レンジで1個あたり20〜30秒加熱

フライパンベーグル
プレーン / ごま風味

フライパンに少量の水を入れて蒸し焼きにしました。蒸したあと、トースターで焼き目をつけると外はカリッと、中はもちもちの食感になっておすすめです。

プレーン

材料（直径8〜9cm・2個分）

A｜プレーンヨーグルト（無糖）___20g
　｜絹豆腐___40g
　｜米油___8g
　｜メープルシロップ___12g
　｜水___10g
　米粉___100g
　ベーキングパウダー___4g

作り方

1. ボウルにAを入れ、なめらかになるまでゴムベラか泡立て器で混ぜる。

2. 米粉、ベーキングパウダーを加えて混ぜ、ゴムベラでひとまとめにする。

3. 2つに分けて丸くまとめ、ドーナツ状にする。
   POINT 丸く形作ってから指で真ん中に穴を開ける（a）。

4. フライパンにクッキングシートを敷き、生地を並べる。水大さじ1（分量外）を入れ、ふたをして約12分弱火で加熱する。
   POINT 鍋肌から水をふり入れ、ふたをする（b）。

5. お好みでオーブントースターで焼き、焼き目をつける。

補足
・ごま風味のベーグルは、生地に黒いりごま2〜3gを加えて作ります。

保存

冷蔵	期間：**2日**
	保存法：ラップなどに包む

冷凍	期間：**2週間**
	解凍法：ラップのまま600Wの電子レンジで1個あたり30〜40秒加熱

a

b

イングリッシュマフィン

フライパンで焼くだけの、豆腐入り即席もっちりパン。
短時間でできるので、朝ごはんにも活躍します。お好みの具をはさんで召し上がれ。

材料（直径8cm・2〜3個分）

絹豆腐 ___ 100g
米粉 ___ 85g
塩 ___ 1g（ひとつまみ）
メープルシロップ ___ 8g
米油 ___ 5g
ベーキングパウダー ___ 3.5g

作り方

1. ボウルに豆腐を入れ、ゴムベラでつぶし、その他の材料もすべて加えてよく混ぜる。

---

2. 生地を2〜3等分して丸めて平たくする。

---

3. フライパンにクッキングシートを敷き生地を並べ、弱めの中火で、ふたをして片面5〜7分ずつ焼き目がつくまで焼く。

※厚みを半分に切り、レタス、目玉焼き、チーズ、トマトなどお好みの具をはさんでください。

補足

- 使う豆腐と米粉の種類によって生地のゆるさが変わります。しっかり混ぜたあと、まとまりにくければ米粉を、かたそうなら水を5gずつ足してください。
- 材料を混ぜると最初はポロポロしていますが、よく混ぜていけば豆腐がなじんでしっとりまとまります。

保存

冷蔵
期間：2日
保存法：ラップなどに包む

冷凍
期間：2週間
解凍法：ラップのまま600Wの電子レンジで1個あたり30〜40秒加熱

クイックフォカッチャ

発酵不要、フライパンで作るフォカッチャは
思い立ったときすぐに作れて便利です。
トッピングはローズマリー、バジル、粉チーズ、
コーン、ミニトマトなども合います。

材料（直径8〜9㎝・3個分）

絹豆腐 ___ 120g
メープルシロップ ___ 7g
A｜米粉 ___ 120g
　｜塩 ___ 1g（ひとつまみ）
　｜ベーキングパウダー ___ 6g
オリーブオイル ___ 適量

作り方

1. ボウルに豆腐を入れ、ゴムベラでつぶしてなめらかにする。

2. メープルシロップを加えて混ぜる。

3. Aを加えてさらに混ぜ、生地がまとまってきたら手でこねる。

4. ひとまとまりになった生地を3等分し、薄く成形してクッキングシートを敷いたフライパンに入れる。指で表面にくぼみを作り、オリーブオイルを刷毛やスプーンの背などでまんべんなく塗る。お好みでドライパセリ少々（分量外）をトッピングする。

5. ふたをして弱火で10〜12分焼き、ひっくり返してさらに2分焼いてこんがり焼き目をつける。

保存

冷蔵	期間：**2日**
	保存法：ラップなどに包む

冷凍	期間：**2週間**
	解凍法：ラップのまま600Wの電子レンジで1個あたり20〜30秒加熱

カンパーニュ

外がカリッとした、味わい深いハード系のパン。自分で簡単に作れるなんて感激モノです。
お好みでナッツやドライフルーツをたっぷり入れるとさらにおいしく。

材料（直径13cm・1個分）

オートミール（ロールドオーツ）___30g
水___30g
A｜プレーンヨーグルト（無糖）___50g
　｜メープルシロップ___20g
　｜オリーブオイル___10g
米粉___100g
ベーキングパウダー___6g

下準備
・天板にクッキングシートを敷く。
・オーブンを190℃に予熱する。

作り方

1. ボウルにオートミールと水を入れてゴムベラで混ぜ、5分以上置いてなじませる。

2. Aの材料を加えて混ぜ、なじませる。

3. 米粉、ベーキングパウダーを加えて混ぜ、ひとまとめにする。ナッツ、ドライフルーツを加える場合はここで入れる。
※ここでは生地にくるみ20g、レーズン30gを加えて焼いています。

4. 表面にナイフで十字の切り目を入れ、天板にのせる。お好みで米粉適量（分量外）を茶こしでふって全体にかける。

5. 190℃のオーブンで約25分焼く。
   POINT さめてから切ると断面がきれいです。

保存

| 常温 | 期間：1日 |
| | 保存法：ラップなどに包む |

| 冷蔵 | 期間：2〜3日 |
| | 保存法：ラップなどに包む |

冷凍	期間：2週間
	保存法：2cm幅にスライスしてラップなどに包んで保存
	解凍法：ラップのまま600Wの電子レンジで2cm幅を20〜30秒加熱して解凍

グリッシーニ

おしゃれに盛りつけすればパーティにもぴったりです。
生地に粉チーズを加えてもOK。
オーブンでカリッと香ばしく焼けたら成功です。

材料（17〜18cm・8本分）

A | 米粉 --- 70g
　| オートミールパウダー --- 50g
　| ベーキングパウダー --- 4g

B | 豆乳 --- 60g
　| オリーブオイル --- 10g
　| メープルシロップ --- 10g

下準備
・天板にクッキングシートを敷く。
・オーブンを180℃に予熱する。

作り方
1. ボウルにAを入れ、ゴムベラで全体を混ぜ合わせる。
2. Bを加え、全体にツヤが出るまで混ぜて、ひとまとめにする。
3. 生地を8等分し、17〜18cmの長さの棒状に両手で伸ばす。
4. 天板に並べ、180℃のオーブンで約15分焼く。

補足
・ごま風味は、生地に黒いりごま3gを加えて焼きます。
・オートミールパウダーは、オートミールをフードプロセッサーなどで撹拌して粉状にしたものでもよいです。
・生地がまとまりにくければ豆乳を少しずつ加えて調節してください。

保存

冷蔵	期間：2日
	保存法：ラップなどに包む

冷凍	期間：2週間
	解凍法：ラップのまま600Wの電子レンジで1本あたり20〜30秒加熱

ココア
レンジ蒸しパン

電子レンジで2分もかからない時短レシピが魅力の蒸しパン。
ツヤが出るまでよく混ぜたら耐熱容器に入れてチン。
小腹が空いたとき、すぐに作れる心強い味方です。

材料（14×14×7cm耐熱容器・1台分）

A | プレーンヨーグルト（無糖）
　　--- 80g
　| メープルシロップ --- 25g
　| 米油 --- 8g
　| 水 --- 20g
B | 米粉 --- 95g
　| ココアパウダー --- 5g
　| ベーキングパウダー --- 4g

補足
・お好みでチョコチップ（分量外）をBに加えてもいいです。

下準備
・耐熱容器にクッキングシートをくしゃくしゃにして入れる。

作り方

1. ボウルにAを入れ、泡立て器かゴムベラで混ぜる。

2. Bを加え、全体にツヤが出るまでよく混ぜて耐熱容器に流し入れる。

3. ふんわりラップをかけ、600Wの電子レンジで約1分40秒、表面が乾く程度まで加熱する。

POINT 表面が乾いていれば、容器の底が湿っていてもOK。加熱しすぎはかたくなるので注意。

保存

常温 | 期間：1日
　　 | 保存法：ラップなどに包む

甘くない
レンジ蒸しパン

材料（14×14×7cm耐熱容器・1台分）

A | プレーンヨーグルト（無糖）___80g
  | 米油___8g
  | 塩___1g（ひとつまみ）
  | 水___40g
B | 米粉___100g
  | ベーキングパウダー___4g

補足

・下準備と作り方はココアと同じです。
・お好みの具を加えたり、トッピングしたりしてください。
　ここではBにコーン水煮、ゆでた枝豆各15gを加えました。
・加熱時間は様子を見て調節してください。

野菜ジュース
レンジ蒸しパン

材料（14×14×7cm耐熱容器・1台分）

A | 野菜ジュース___80g
  | メープルシロップ___25g
  | 米油___8g
  | 水___20g
B | 米粉___100g
  | ベーキングパウダー___4g

補足

・下準備と作り方はココアと同じです。
・加熱時間は様子を見て調節してください。

保存

常温 | 期間：1日
　　 | 保存法：ラップなどに包む

フライパンスティックパン
プレーン / ココア味

子どもから大人まで大人気のスティックパンが、オーブンも使わず20分で完成します。食感はかなり本格的。子どもと一緒に手作りしてみるのも楽しそうです。

プレーン味

材料（10〜12cm・3個分）

A｜プレーンヨーグルト（無糖）___30g
　｜絹豆腐___30g
　｜米油___8g
　｜メープルシロップ___12g
　｜水___10g
米粉___100g
ベーキングパウダー___4g

作り方

1. ボウルにAを入れ、なめらかになるまで泡立て器で混ぜる。

2. 米粉、ベーキングパウダーを加えてゴムベラで混ぜ、ひとまとめにする。チョコチップを加える場合は、チョコチップ20g（分量外）をここで入れる。

3. 3等分し、細長く形作る。

4. フライパンにクッキングシートを敷き、生地を並べる。水大さじ1（分量外）を鍋肌からふり入れ、ふたをして約12分弱火で加熱する。

補足

・ココア味は2.でココア5gを加え、米粉は100g→95gに減らして作ります。

保存

冷蔵	期間：**2日**
	保存法：ラップなどに包む

冷凍	期間：**2週間**
	解凍法：ラップのまま600Wの電子レンジで1個あたり20〜30秒加熱

Part 5

✿

ごはん

米粉で作る主食レシピです。
お菓子だけでなく、
食事に使えば米粉本来の
風味が生きて、おいしさは保証つき。
毎日の献立に取り入れたいですね。

豆腐のピザ

豆腐の入ったヘルシーなピザは、重たくなく我が家の週末の定番ランチ。
薄めに焼くとカリッと、厚めに焼くとふっくらと、どちらでも楽しめる万能ピザ生地です。
子どもにはコーンやツナが喜ばれます。

材料（直径20cm・1枚分）

絹豆腐 --- 150g
米粉 --- 120g
塩 --- 1g
オリーブオイル --- 5g
ベーキングパウダー --- 4g

下準備

- 天板にクッキングシートを敷く。
- オーブンは220℃に予熱する

作り方

1. ボウルに豆腐を入れ、泡立て器などで液体のようになるまで混ぜてなめらかにし、米粉、塩、オリーブオイル、ベーキングパウダーを加えて、ゴムベラでまとまるまで混ぜ合わせる。

---

2. 天板の上に生地をのせ、直径20cmの円形に整える。

   POINT 手にオリーブオイルを付けると整えやすいです。

---

3. 220℃のオーブンで5分焼き、取り出してお好みのソースを塗り、お好みの具材をトッピングをする。

---

4. 再度オーブンに入れ、約20分焼く。

※ソースはトマトソースやトマトケチャップなどで。モッツァレラチーズとバジルをのせれば写真のようなマルゲリータに！

ラザニア

ラザニアの白みそホワイトソースは
我が家の一生もののレシピです。
コンソメや生クリームを使わないのに
とっても濃厚。
ミートソースも少ない材料なのに
味わい深く、まるでお店の味！

みそ風味のラザニアの作り方

耐熱容器にミートソース、ホワイトソース、30秒ほどゆでたラザニア生地の順に2回重ね、最後にピザ用チーズをたっぷりのせて、200℃に予熱したオーブンで20分焼く。お好みでパセリをふる。

a

ラザニア生地

材料（23×15×5cm耐熱容器・1台分）

卵　　　50g（1個）
米粉　　100g
※米粉は卵の重量の倍。
オリーブオイル　　5g
水　　　20g

作り方

1. ボウルにすべての材料を入れて混ぜ、ゴムベラでひとまとめにする。
2. 4等分して、めん棒で12×12cm×厚さ2mmぐらいの大きさに伸ばす（a）。

※ラザニア生地は、切り方を変えればスパゲッティにもショートパスタにもなります。

ほったらかしミートソース

材料（作りやすい分量）

塩 _ _ _ 2g（ふたつまみ）
トマトピューレ _ _ _ 150g
玉ねぎのみじん切り _ _ _ 100g
あいびき肉 _ _ _ 200g
酒 _ _ _ 15g（大さじ1）
ウスターソース _ _ _ 15g

作り方

1. 鍋に塩ひとつまみ、トマトピューレ、玉ねぎ、ひき肉、酒、ウスターソース、塩ひとつまみの順に入れ、ふたをして弱火で25分煮る。
2. ざっとほぐし、お好みで塩、こしょう各少々（分量外）で味をととのえる。

白みそホワイトソース

材料（作りやすい分量）

牛乳 _ _ _ 400g
米粉 _ _ _ 40g
白みそ（または塩麹）
 _ _ _ 25g
塩、こしょう _ _ _ 各少々

作り方

1. 鍋にすべての材料を入れてしっかり米粉が溶けるまで泡立て器で混ぜる。
2. 中火にかけながら混ぜ続ける。とろみが出てきたら完成。
3. お好みで塩、こしょう各少々（分量外）で味をととのえる。

さつまいもニョッキ

じゃがいもではなく、さつまいもが主役。
少ない材料を混ぜてゆでるだけで、ボリューム満点の料理が完成します。
ソースはホワイトソースのほか、トマトソースでも。

材料（3〜4cm大・12個分）

さつまいも（皮をむいてゆでたもの）___100g
米粉___50g
塩___2g（ふたつまみ）
オリーブオイル___5g
白みそホワイトソース（P97参照）___適量

作り方

1. さつまいもをボウルに入れ、フォークやマッシャーなどでつぶす。

---

2. 米粉、塩、オリーブオイルを加えてよく混ぜ、ゴムベラでひとまとめにする。さつまいもの水分が少なくてまとまらない場合は、水10〜20g（分量外）を足してまとめる。

---

3. 12等分して丸め、フォークで表面を軽くつぶして模様をつける。

---

4. 鍋に湯を沸かし、3を入れ、浮いてから2分ゆでて、ざるに上げる。

---

5. 器に盛り、ホワイトソースをかける。

※お好みで粗びき黒こしょう、ドライパセリ各少々をふるとおいしいです。

ブリトー

いろいろな具を巻いて楽しむブリトーは我が家の人気メニューのひとつ。
朝ごはんやランチにぴったりです。
しっとりもちもちの食感で、つい食べすぎてしまうおいしさ！

材料（直径26cmフライパン・1枚分）

牛乳 ___ 50g
米粉 ___ 23g
片栗粉 ___ 7g

作り方

1. ボウルにすべての材料を入れて泡立て器などでよく混ぜる。

2. 冷蔵庫に入れて10分以上寝かす。
   POINT　寝かせることで水分と米粉がなじみ、よく伸びるようになる。

3. フライパンに薄く油（分量外）を塗って生地を流し、弱火で両面焼く。
   ※ハム、チーズなどお好みの具を巻いてください。
   POINT　フライパンをしっかり予熱し、油をムラなく塗るのがコツです。縁が剥がれて浮いてきたらひっくり返してください。

補足

・チーズを巻くときはとろっとさせたいので、生地を裏返したあとすぐにのせ、温めています。

寝かせ不要のうどん

生地を練ったりこねたり、大変なイメージしかないうどん作りが、こんなに簡単にできるなんて。
パッと作ってすぐ食べられる手軽さが、忙しいときに大助かりです。

材料（1人分）

米粉 --- 75g
片栗粉 --- 25g
塩 --- 2g（ふたつまみ）
熱湯 --- 85g

作り方

1. ボウルに米粉、片栗粉、塩を入れてゴムベラで混ぜる。

2. 熱湯を加えて混ぜる。
   POINT　熱いのでやけどに注意！

3. 粗熱がとれたら、手でこねてまとめる。

4. 生地とまな板に打ち粉（片栗粉）少々（分量外）をする。

5. まな板に生地をのせ、めん棒で2～3mmほどの厚さに伸ばし、包丁で好みの太さに切る。
   POINT　くっつくようなら打ち粉を多めにして切り、ざるにのせて余分な粉をふるい落とす（a）。

6. 沸騰したたっぷりの湯（分量外）で2分ゆでる。
   POINT　浮かび上がったら、火が通ってきた証拠。

7. ざるに上げ、流水で洗ってしめる。

※器に盛り、温めためんつゆをかけて、天かす、わかめ、ねぎなどお好みの具をのせて召し上がれ。

補足

・小麦粉よりめんが切れやすいので、以下に注意してください。

上手な作り方のポイント
・めんを切るとき、生地は折らない。
・ゆでている間はあまり触らない。
・コシを出すために流水でしっかりしめる。

めんつゆ

材料（2人分）

水 --- 500g
削りかつお --- 20g
みりん --- 18g（大さじ1）
しょうゆ --- 18g（大さじ1）

作り方

1. 鍋に水を入れて煮立て、沸騰したら火を弱め、削りかつおを入れて5分ほど煮る。
2. ざるを置いたボウルに1を注ぎ、ざるを上げて削りかつおを取り出し、だし汁を鍋に戻してみりん、しょうゆを加えて煮る。
3. お好みで塩少々（分量外）を加えて味をととのえる。

a

フォー

めんはうどんと同じものを使います。お好みで太さだけ変えて切ればOKです。
鶏肉は塩麹に漬けてうまみたっぷりに。いろいろなトッピングで楽しみましょう。

材料（2人分）

鶏もも肉＿＿＿200g
塩麹＿＿＿20g
酒＿＿＿15g（大さじ1）
塩＿＿＿少々
フォー＿＿＿約400g（P103の2人分）
※めんの作り方・ゆで方はP103参照

作り方

1. 鶏肉は4〜5cm角に切り、塩麹に漬けて15分ほど置く。

----

2. 鍋に鶏肉、水500g（分量外）、酒、塩を入れて中火にかける。沸騰したら弱火にしてふたをし、20分ほど煮込む。

----

3. 器にゆでたフォーを入れ、2を注ぐ。

※好みでナンプラー、こしょう各少々を加えて。
※紫玉ねぎのスライス、パクチー、レモンなどをのせると本格派になります。

補足

・フォーのめんはうどんより
　少し細めに切るのがおすすめです。

水餃子 / 焼き餃子

簡単なのに驚くほどもちもちプルプル。水餃子のために生まれてきたのではないかと思えるほどおいしい生地です。もちろん焼いても美味。選べなくて両方作りました。

皮

材料（直径8〜9cm・30枚分）

米粉 ___ 120g
片栗粉 ___ 60g
塩 ___ 2g（ふたつまみ）
熱湯 ___ 150g

作り方

1. ボウルに米粉、片栗粉、塩を入れてゴムベラで混ぜ合わせる。
2. 沸騰したての熱湯を一気に回しかけ、ゴムベラなどで混ぜる。
3. 手で触れる熱さになったら、なめらかになるまで手でこねて、ひとまとめにする。

   POINT やけどに注意。手で触れるのは粗熱がとれてからにすること（a）。

4. 30等分して小さく丸め、直径8〜9cmになるようめん棒で伸ばす。

   POINT くっつかないよう打ち粉（片栗粉・分量外）をしながら伸ばす（b）。

肉だね

材料（餃子30個分）

キャベツのみじん切り ___ 200g
にらのみじん切り ___ 100g（1束）
豚ひき肉 ___ 200g
A｜ごま油 ___ 15g
　｜しょうがのみじん切り ___ 少々
　｜塩 ___ 2g（ふたつまみ）

作り方

1. キャベツとにらは塩ふたつまみ（分量外）をかけてもみ、15分ほどおいて水分が出てきたら軽く絞る。
2. ボウルに1、ひき肉、Aを入れ、全体がなじむまで混ぜ合わせる。

※水餃子にする場合、にらの代わりにしその葉にしてもおいしい！

水餃子の作り方

1. 皮の周りに水少々をつけ、肉だね適量を包んで端を留める。
2. 鍋にたっぷりの湯を沸かして1を入れ、浮かび上がったら2〜3分ゆでて取り出す。
3. 器に盛ってポン酢しょうゆをかけ、お好みで糸唐辛子や小ねぎの小口切りを散らす。

焼き餃子の作り方

1. 皮の周りに水少々をつけ、肉だね適量を包んで端を留める。
2. よく熱したフライパンに油少々をひいて中火で1を1分焼き、焼き色がほんのりついたら水約100gを加えてふたをして5〜6分、水分がなくなるまで蒸し焼きにする。
3. 最後にふたを取ってごま油少々を回し入れ、カリッとするまで強火で30秒焼く。
4. 器に盛り、お好みのたれを添える。

a

b

野菜たっぷりチヂミ

米粉と片栗粉でチヂミ粉ができちゃいます。具は野菜のほか、肉やえびでも合いますね。
たれはお好みでラー油や一味唐辛子を加え、ピリ辛にしてもGOOD。

材料（直径21cm・1枚分）

A｜米粉 --- 50g
　｜片栗粉 --- 25g
　｜しょうゆ --- 6g（小さじ1）
　｜水 --- 50g
にんじん --- 1/2本
玉ねぎ --- 1/2個
にら --- 1/2袋（約7本）

作り方

1. ボウルにAを入れてよく混ぜる。生地がかたければ水10g（分量外）を追加する。

2. 野菜は食べやすい大きさに切り、1のボウルに加えて混ぜる。

3. フライパンに油少々（分量外）を熱して生地を流し入れ、片面はふたをしながら中火で焼き、こんがり焼けたらひっくり返してふたをせずにもう片面も焼く。

4. 食べやすく切って器に盛り、たれを添える。

補足

・私はカリッと仕上げたいので、フライ返しでぎゅうぎゅう押して焼くのが好きです。仕上げにもごま油を加えてさらにカリッとさせています。

たれ

材料

酢 --- 15g（大さじ1）
しょうゆ --- 18g（大さじ1）
ごま油 --- 6g（大さじ1/2）
塩 --- 少々
白いりごま --- 適量
ラー油 --- 少々（お好みで）

作り方

すべての材料を混ぜ合わせる。

フライパンもんじゃ

みんなでワイワイ食べるのが楽しいもんじゃ焼き。
ホットプレートがなくてもフライパンでできます。
土手を作って崩しながら焼く本格もんじゃを
おうちで作ってみましょう。

材料（直径26cmフライパン・1枚分）

A
- 米粉 ___ 30g
- 水 ___ 300g
- ウスターソース ___ 36g（大さじ2）
- かつお粉 ___ 6g（大さじ1）
- しょうゆ ___ 18g（大さじ1）

具
- キャベツ ___ 250g（約1/4個）
- 干しえび ___ 14g（大さじ2）
- 天かす ___ 10g（大さじ2）
- ピザ用チーズ ___ 適量（ふたつかみぐらい）

作り方

1. ボウルにAを入れ、サラサラになるまでスプーンなどで混ぜる。

---

2. せん切りにしたキャベツ、干しえび、天かすを加えて混ぜる。

3. フライパンを中火で熱し、2の具を取り出して入れ、炒める。

4. キャベツがしんなりしたら土手を作る。

5. 2の汁を半量加える。

6. 土手を崩して具と汁を混ぜながら加熱する。

7. 再び土手を作る。

8. 2の汁の残りを加える。

9. 土手を崩しながらもんじゃ焼きの要領で焼く。

10. 火を止め、チーズをのせて溶けるまで置く。

※ホットプレートの場合は倍量にすると作りやすいです。

おやつもごはんも、ぜんぶ米粉。
家にある材料で、失敗なしのやさしいレシピ

2024年12月11日　初版発行

著者	ねぎちゃん
発行者	山下直久
発行	株式会社KADOKAWA
	〒102-8177 東京都千代田区富士見2-13-3
	電話　0570-002-301（ナビダイヤル）
印刷所	TOPPANクロレ株式会社
製本所	TOPPANクロレ株式会社

本書の無断複製（コピー、スキャン、デジタル化等）並びに無断複製物の譲渡および配信は、著作権法上での例外を除き禁じられています。また、本書を代行業者等の第三者に依頼して複製する行為は、たとえ個人や家庭内での利用であっても一切認められておりません。

●お問い合わせ
https://www.kadokawa.co.jp/　（「お問い合わせ」へお進みください）
※内容によっては、お答えできない場合があります。
※サポートは日本国内のみとさせていただきます。
※Japanese text only

定価はカバーに表示してあります。
©Negichan 2024 Printed in Japan
ISBN978-4-04-606924-5　C0077